Lk 7/12

NOTICE

Sur le Commerce de Mer d'Abbeville, sur ses Forces Navales au 14 siècle, sur le Combat Naval de l'Ecluse, et Comparaison des Forces Navales de France et d'Angleterre, à la même époque,

PAR M. TRAULLÉe

PROCUREUR IMPÉRIAL A ABBEVILLE.

ABBEVILLE,
DE L'IMPRIM. DE BOULANGER - VION,
IMPRIMEUR DES AUTORITÉS CONSTITUÉES.

1809.

NOTICE

Sur le Commerce de Mer d'Abbeville, sur ses Forces Navales au 14.ᵉ siècle, sur le Combat Naval de l'Ecluse, et Comparaison des Forces Navales de France et d'Angleterre, à la même époque.

IL existe peu de Ports en France, dont le Commerce ait été aussi étendu que celui d'Abbeville. Ce Port important dans le 13.ᵉ siècle, occupoit à cette époque le premier rang. Il étoit au 14.ᵉ siècle le quatrième Port parmi ceux des Provinces maritimes soumises à la France. Il ne comptoit au-dessus de lui que ceux de l'Heure, Dieppe et Caën. La Bretagne, la Guienne, la Provence et le Languedoc, soumis à d'autres Maîtres, n'étoient pas encore réunis à la Couronne.

Le Commerce du Port d'Abbeville étoit fondé sur l'échange des Marchandises et Denrées du sud de l'Europe, contre celles de toute la France du nord de l'Europe, de l'Afrique et de Terre-neuve. Abbeville formoit alors un entrepôt général, un centre auquel correspondoient tous les Marchands des Puissances commerçantes des 12, 13, 14 et 15.ᵉ siècles. Les Marins de la Province d'Algarve en Espagne, ceux de Bordeaux, apportoient leurs vins; les Suédois, le produit de leurs pêches; les habitans de la Belgique, leurs bleds; ceux de Bruges, leurs draps, etc. Abbeville envoyoit ses Marins les prendre dans leurs Ports, et fournissoit aux Suédois, Hollandois, Flamands etc. du Sel (le Marquenterre étoit alors plein de Salines); aux Espagnols et aux Ecossois, du bled; aux Suédois, Flamands et à tout le nord de l'Europe, du vin du midi. Courtiers de toutes les Puissances dont nous parlons, les Abbevillois se chargoient de tous leurs transports; ils alloient pêcher le Hareng en Norvège près du gouffre de Malestroum, la Morue à Terre-neuve, acheter de l'ivoire en Afrique, et surtout de la cire, de l'huile en Provence, des gros vins en Languedoc. Pour le voyage de la Méditerranée, nos Marins armoient en guerre de très-grosses barges afin de résister aux Pirates de la Barbarie. L'Hôtel-de-Ville leur prêtoit pour leur défense, partie de la nombreuse Artillerie qu'il possédoit alors. Les Capitaines en louoient pour ces expéditions. Les répertoires des Notaires du 16.ᵉ siècle sont pleins des traités faits pour le commerce par les Abbevillois entre eux, et avec les Facteurs de tous les peuples ci-dessus nommés. Notre Ville étoit inscrite sur la liste des Villes associées pour les Foires de Champagne (voyez le Laudit rimé); elle étoit en grande liaison avec les Anséatiques. Un si grand Commerce attiroit dans le Port des Étrangers sans nombre, y fixoit une grande quantité de Négociants et attiroit dans nos murs beaucoup de numeraire, un grand fond de probité distinguant nos Concitoyens. On vit les Capitalistes de toute la Picardie, de l'Artois, de la Champagne et de la Normandie, placer leur fonds sur notre Municipalité, (voyez les cartulaires de la Ville). La Somme étoit couverte de vaisseaux, tous les étrangers qui trafiquoient à Abbeville, non-seulement louoient nos vaisseaux, mais en achetoient beaucoup sur nos chantiers, la construction d'Abbeville possédant le double avantage d'être moins chère et plus heureuse. Mais les Étrangers enlevèrent tant de vaisseaux par ce moyen, qu'on fut obligé d'interdire ce genre de commerce, (cartulaire de la Ville).

Tant de prospérité accrut singulièrement la population d'Abbeville au 14.ᵉ siècle : elle étoit encore considérable et pouvoit être voisine de 50,000. Le nombre des marins pouvoit seul fournir le 5.ᵉ de cette masse : il étoit alors assez grand pour qu'on pût lever pour les armemens navals 1500 Matelots effectifs dans notre Port. Cette quantité fut en effet fournie par Abbeville, lors du fameux combat de l'Ecluse en 1340. Sous Philippes de Valois, le compte de François de Lhôpital en fait foi ; il donne le nom et l'état des Ports qui ont fourni, des Capitaines qui ont monté les vaisseaux, et des Armateurs qui en étoient propriétaires. Ce compte n'a jamais été imprimé.

A l'époque du combat de l'Ecluse, les forces navales de France ne consistoient pour ainsi-dire que dans celles des différents Ports. Le Commerce soutenoit presque seul le poid de guerres de mer, tous les gros bâtiments s'armoient, le Roi entretenoit seulement un gros vaisseau dans chaque Port et il louoit de fortes galères aux Génois qui dans le combat entroient en ligne, et pour de l'argent s'y battoient indifféremment pour tout le monde.

Dans ce fameux combat, les Ports qui armèrent furent ceux de l'Heure, Dieppe, Caën, Abbeville, Harefleu, Baie de Vire, Etapes, Boulogne, Barefleu, la Hogne, Rouen, Bonnefleu, Etretat, Pont-au-demer, Cherbourg, Touques, le Quief de Caux, Saint-Valery, Caudebec, Waben, Fecamp, Fiquefleu, Saint-Savinien, Calais, et le Crotoy... c'est-à-dire ceux de la Normandie et de la Picardie.

Le premier Port, celui de l'Eure ou l'Heure, fournit . . . . . 32 vaisseaux. *normandie*

Dieppe. . . . . 28 *id.*

Caën . . . . 18 *id.*

Abbeville. . . . . . . 12 *poulhieu*

Harefleu. . . . . 11 *normandie*

La Baie de Vire. . . . 10 *id.*

Etapes . . . . 10 *boulenois*

Boulogne . . . . 10 *id.*

Barefleu. . . . . 8 *Normandie*

La Hogne . . . . 8 vaisseaux. *normandie*

Rouen . . . . 7 — *id*

Bonnefleu . . . . . . 6 *id*

Cherbourg . . . . . . 5 *id*

Pont-au-de-mer . . . . 5 *id*

Etretat . . . . 5 *id*

Touques . . . . 4 *id*

Quief de Caux . . . . 4 *id*

Saint-Valery . . . . . 4 — *picardie*

Caudebec . . . . 3 — *normandie*

Waben . . . . 3 — *poitiers*

Fiquefleu . . . . . . 2 *normandie*

Fecamp . . . . 2 *id*

Saint-Savinien . . . . 2 *peut être en Saintonge*

Calais . . . . 1 *picardie*

Auxiliaires Génois . . 4

Total 204

Le Port de l'Eure ou l'Heure dont il est ici parlé, étoit situé à l'embouchure de la Seine près du Havre, aux lieux dits la Grande-Heure et la Petite-Heure; le comblement de la Baie de la Seine a chassé ce Port de place en place: je soupçonne que sous les Romains il étoit plus près de la côte et peut-être sous le hameau de Crestin où on pourroit trouver les Castra Constantia. Le Havre a succédé à ce Port.

Le Quief de Caux paroît être Saint-Valery-en-Caux.

Les vaisseaux de tous ces Ports, n'étoient pas d'égale force; on les distinguait en barges ou bargots ou bargiots. Les barges étoient plus considérables que les bargots; elles étoient montées de plus de 200 hommes. Parmi celles que fournit Abbeville, le Saint-Christophe et le Saint-Nicolas portoient chacune 209 hommes d'équipage, sans compter les arbalestriers.

On distingue dans le compte de Lhôpital les Maîtres et les Seigneurs des nefs. Les Seigneurs étoient les Armateurs propriétaires, et les Maîtres les Capitaines.

Le manuscrit précieux que j'ai consulté, nous a conservé les noms de ceux de nos concitoyens qui commandoient notre contingent à l'Ecluse.

1. La barge la N. Dame. Jean Leger, maître.
2. La barge le St.-Nicolas. Jean de Boulogne, *id.*
3. Le bargiot le S. Georges. Bern. Le Quievre, *id.*
4. La barge le S. Christophe. Witasse le Flamen. *id*
5. La barge le S. Louis qui est le roi. P. Beut. *id.*
6. La barge le St.-Julien. Pierre Beut. *id.*
7. La barge le Tréport. Jean d'Avranche. *id.*
8. Le bargiot le S. Ouffren. Hue Poix-au-lart. *id.*
9. Le bargiot le S. Firmin. { Etienne Becquin. *id.* / M. de Boulogne, Seig.
10. La Ste. Catherine, barge. R. Damoisel, Maît.
11. La barge le S. Esprit. Thomas Beut. *idem.*
12. La barge le S. Jacques. Enguerand Huguet.

Le 1.er Bâtiment contenoit . . . 155 hommes.
Le 2.e 209
Le 3.e 49
Le 4.e 209
Le 5.e 159
Le 6.e 104

Le 7.ᵉ . . . . 99 hommes.
Le 8.ᵉ 69
Le 9.ᵉ 39
Le 10.ᵉ 199
Le 11.ᵉ 89
Le 12.ᵉ 99

Total . . . . . 1479 Matelots.

Arbalestriers repartis sur les barges et fournis par la Ville. . . . 192 Arbalest.

Total. . . 1671 hom.

1500 hommes de mer effectifs supposent une quantité d'Hommes attachés à la marine assez considérable pour être évaluée à 10,000 hommes environ. Dans tous les cas, cette masse annonce des ressources infinies dans le Port qui la fournit. Aussi vers cette époque existoit-il dans les quartiers des Matelots à Abbeville, dans ceux de S. Georges, S. Jacques et S. Paul, une population qu'attestent encore les Actes des Notaires, les Manuscrits du tems, et les restes d'une foule de rues autrefois pleines de monde, supprimées depuis la chûte du Commerce, et qu'on retrouve dans les impasses qui sortent de plusieurs Couvens établis sur les ruines de ces quartiers autrefois si florissans.

Les Habitans des Ports de notre voisinage me sauront gré d'avoir conservé les noms de ceux de leurs Marins qui combattirent dans cette journée fameuse, le manuscrit qui les cite n'étant pas dans une bibliothèque publique.

ROUEN.

Rouen fournit 7 vaisseaux dont les Maîtres et Seigneurs étoient Croisel, Waumain, le Mire, Relie, Vérité, Collemine, Hardi.

DIEPPE.

Dieppe fournit 28 vaisseaux dont les Maîtres et Seigneurs étoient Eude, Petit, Lefevre, Hebert, Flois, Bense, le Sueur, Beraut, Lainé, Homo, Waben, d'Orient, Becquerel, Capet, Haveloise, le Feron, le Gaffe, le Maire, Heris, Quiefdeville, Caron, le Vallois, Guilebert du Temple, d'Almet, Dugardin du Temple.

SAINT-VALERY-SUR-SOMME.

Saint-Valery-S.-S. fournit 4 vaisseaux dont les Maîtres étoient le Bruian, Postel, Carpentier, Marchand.

LE CROTOY.

Ce Port fournit un vaisseau ; il avoit pour Maître Pierre Pevillon.

Tous les Matelots qui montoient ces embarcations étoient tous singulièrement agguéris: les Anglais les redoutoient, ils les appeloient les Normans et Bidaults ou Ribaults. La nécessité de livrer perpétuellement bataille aux écumeurs de mer de ce tems, maintenoit nos Marins dans l'habitude des combats. La navigation soit pendant la paix, soit pendant la guerre, étoit alors très-dangereuse. Plusieurs Ports étoient connus pour se livrer à l'infâme métier de la piraterie. Nos voisins avoient des pirates, la France de son côté leur rendoit bien le mal qu'elle recevoit d'eux dans ce genre. Le Port de Calais se chargeoit du soin de sa vengeance : il couvroit la mer d'une foule de Corsaires dont le courage et la rapacité étoient sans exemple. Ce genre de guerre exemptoit Calais de fournir un fort contingent dans les armées navales. Il faisoit redouter le Détroit qu'on appelloit alors et qu'on a appellé depuis le Pas ou le Pas-de-Calais.

Les Calaisiens eurent à s'en repentir. Cette fatale habitude du vol leur fut très-funeste. Edouard III, après la prise de cette ville, voulut les faire pendre tous, parce qu'il regardoit Calais comme une caverne de voleurs (voyez

Villani, auteur du tems). Les bourgeois parurent devant le Vainqueur la corde au col. La Reine eut beaucoup de peine à obtenir leur grace. Villani ne dit rien du prétendu dévouement d'Eustache de Saint Pierre, il est avéré que deux Marins d'Abbeville, Marand et Mestriel, forcèrent la ligne des vaisseaux anglais qui bloquoient cette malheureuse ville, et y jettèrent des vivres qui aidèrent les Calaisiens à trainer le siège en longueur. Il est faux que Calais et Boulogne, comme le dit un historien de Calais, aient fourni un plus grand nombre de vaisseaux, qu'aucun autre Port, au combat de l'Ecluse.

Les Manufactures d'Abbeville fleurirent long-tems à l'ombre de son commerce de mer. Les étrangers qui abondoient chez nous, et nos Marins eux-mêmes, exportoient de gros draps fabriqués dans la ville, des fusils de nos ouvriers, des fromages du Marquentere, le bled du pays etc. Tous ces objets d'échange sont tombés avec le commerce de mer; et de cette brillante prospérité nous ne conservons plus que le souvenir, y joignant toutefois l'espoir que le Génie puissant qui veille au salut de la France, rendra pour l'avenir à notre commerce, sinon toute sa splendeur, du moins les moyens de se soutenir encore avec éclat. Les vrais Négociants conviennent qu'Abbeville est trop bien placée pour ne pas concevoir cette flatteuse espérance, et il appartient au Héros qui nous gouverne de les réaliser.

Il seroit curieux de connoître l'origine du commerce d'Abbeville et l'époque de sa naissance ; on le feroit sans doute si les monumens historiques des 10 et 11.ᵉ siècles ne nous manquoient. A ce défaut nous ne pouvons présenter que de foibles apperçus. Nous ne pouvons dire rien autre chose, sinon que le camp romain qui couvre notre faubourg de Rouvroi, a pu fournir aux commerçans du tems des romains, un asile capable de les attirer. Beaucoup de villes doivent leur naissance à ces camps. D'un autre côté, la destruction du fameux Port de Quentovic (le Marseille du nord), Port qui n'étoit situé qu'à dix lieues d'Abbeville, à l'embouchure de la Canche, et qui fut brûlé 3 fois par les Normands sous Charles-le-Chauve, a pu engager les habitans de ce lieu célèbre à venir chercher protection sous le fort, bâti à Abbeville dans l'île Notre-Dame, à l'instar de celui de Paris dans l'île du même nom : Paris et Abbeville appartinrent aux mêmes maîtres, à compter de Charlemagne, à ces fameux Ducs de France, qui portoient aussi le nom d'Abbés-Comtes qui possédoient les plus belles provinces du nord de la France et qui élevèrent sûrement sur les mêmes modèles, et le plus souvent dans les îles des grandes rivières, les forts dont ils se servoient pour arrêter les Normands, et dont la première idée appartient à Charlemagne. Pendant très-longtems, à dater de Charles-le-Chauve, toutes nos Abbayes brûlées par les Normands restèrent ensevelies sous leurs ruines et ne se relevèrent que par les soins de Hugues Capet, qui les recréa en leur rendant des portions de leurs anciens domaines. Notre ville doit son nom à un de ces Abbés-Comtes. je soupçonne qu'elle s'appelloit autrefois *Noviodunun*.

Les causes de la chûte de notre commerce sont très-connues. On a vu nos ressources s'échapper aussitôt que les Puissances voisines s'apperçurent qu'elles pouvoient faire tout ce que nous faisions.

La peste qui nous désola quatre à cinq fois par siècle, aux tems passés, ruina, à plusieurs reprises, notre population.

Les guerres de Flandres, d'Angleterre et d'Espagne, augmentèrent nos pertes ; enfin, la mauvaise administration des revenus de la ville nous porta les derniers coups. Une fausse jurisprudence vouloit dans les siècles passés qu'on saisit et arrêtât au déhors tous les habitans d'une ville qui étoit en dette avec le gouvernement ; la nôtre le fut souvent : on constitua prisonniers tous les notables d'Abbeville, partout où on pût les trouver ; on les retint longtemps. La terreur s'empara des plus riches Négociants, ils s'expatrièrent, et portèrent ailleurs leurs fonds et leur industrie.

Comparaison des forces navales de France et d'Angleterre au 14.ᵉ siècle.

La découverte du manuscrit de François de Lhôpital nous a donné l'idée de comparer les forces navales de la France et de l'Angleterre, dans le 14.ᵉ siècle, et de rechercher quelles étoient les ressources que pouvoit avoir cette dernière puissance dans les guerres de mer. Cette digression nous reporte au combat de l'Ecluse qui se livra quelque tems avant la bataille de Crécy, devant cette dernière Ville, entre les flottes de Philippes de Valois et d'Edouard III.

L'Angleterre n'armoit alors, comme la France, qu'un petit nombre de vaisseaux appartenant au Roi. La majeure partie de ses forces consistoit comme les nôtres en vaisseaux marchands mis en réquisition, armés par le commerce dans tous les Ports.

Nous n'avons rien trouvé qui concernât l'armement de la flotte qui combattit sous Edouard III sous l'Ecluse ; mais nous avons vu dans l'histoire de la marine de Lidiard, une pièce qui peut y suppléer et qui donne l'état des vaisseaux, qui peu d'années après le combat de l'Ecluse, bloquèrent Calais pendant le siège qu'en fit Edouard III. Quatre-vingt-trois Ports en Angleterre fournirent leurs vaisseaux : l'Espagne, la Flandre, l'Irlande et la Guienne se joignirent aux Anglais comme auxiliaires.

Les Ports de l'Angleterre qui fournirent furent :

Flotte du sud.

Le Roy. . . . 25 vaisseaux . 419 hom.

Londres. . . . 25 662

Milfort 2 24

Hoo	2	24 hom.
Maidstonc . . .	2 . . .	51
Hope	2 . . .	24
Neuwhisle . .	5 . . .	49
Morgate . . .	15 . . .	160
Molme	2 . . .	23
Feverhame . . .	2 . . .	23
Sandwich . . .	22 . . .	503
Douvres . . .	21 . . .	336
Wight	13 . . .	220
Winchelsea . .	21 . . .	596
Wermoulh . . .	20 . . .	264
Lyme	4 . . .	62
Scalon	2 . . .	25
Sydmouldh . . .	3 . . .	92
Exmoulh . . .	10 . . .	193
Teymoulh . . .	7 . . .	120
Darmoulh . . .	31 . . .	757

Portsmouth . . . 5 vaisseaux . 96 hom.

Plimouth 26 603

Loo 20 325

Yalm 2 48

Foy 47 770

Bristol 24 608

Tymouth . . . 2 25

Hastings 5 96

Remmey 4 75

Rye 9 156

Hyeth 6 112

Sorcham 26 329

Scafort 5 80

Neumouth . . . 2 18

Hamowe le Hok . 7 117

Hooke 11 208

Soulhampton . . 21 576

Hymmiton . . . 9 159

Soole	4 vaisseaux	94 hom
Warcham	3	59
Swamsce	1	29
Ilfra-Combe	6	79
Padslowe	2	17
Potervant	1	60
Wadvorth	1	14
Cardiffe	1	51
Bridgwater	1	16
Caermathen	1	16
Coelchesworth	1	12
Mulbroeek	1	12

Flotte du nord

Bamberg	1	9
Newcastte	17	414
Walvich	1	12
Hartepool	5	145
Hull	16	446

York	1	9 hom.
Raveuspurg	1	28
Woodhouse	1	12
Floothite	1	10
Barton	3	30
Simfleet	1	11
Sattefleet	2	49
Grimsby	11	71
Winflet	2	44
Wrangle	1	8
Lymm	19	482
Blakney	2	38
Scarbourg	1	19
Yarmouth	43	1909
Dunwich	6	102
Orford	3	62
Gorford	13	404
Harwich	14	283

Ypswich	12	239 hom
Nersey	1	6
Brikelsee	5	61
Colchester	5	170
Wilhbames	1	17
Derwem	1	15
Boston	17	361
Sumhember	1	32
Mulden	2	82
Balton	5	61
	700	14151

Vaisseaux étrangers et auxiliaires.

Bayonne	15 vaisseaux	439
Espagne	7	184
Irlande	1	35
Flandre	14	134
Gueldre	1	24
	38	806

Total vaisseaux anglais....   700.
         Auxiliaires....   38
                            ———
                            738

Matelots anglais.... 14151
    Auxiliaires...   806
                     ———
                     14957.

On voit par ce compte que l'Angleterre pouvoit armer 83 Ports et quelques Puissances auxiliaires, lorsque la France n'en pouvoit armer que 25, et peu de vaisseaux génois. Cette énorme différence n'empêcha pas la France, réduite à deux Provinces maritimes sous Philippes de Valois (la Normandie et la Picardie), de soutenir tous les efforts de l'Angleterre, de faire chez elle fréquemment des descentes, de brûler ses Ports, le Pilote d'Edouard III répondant à ce Prince qui commençoit à appercevoir la flotte française, le jour de l'affaire de l'Ecluse, lui dit : « ce sont » les Normands et Ribauts, ce sont eux qui » ont brûlé votre bonne ville de Hamptone » et pris Christophe votre Grand-Vaissel ».

Le Compte de Lidiard ci-dessus transcrit, et qu'il a tiré des manuscrits d'Hakluit et de la bibliothèque cotonière, paroit erroné, lorsqu'on l'examine avec attention. Il se contente de nombrer en masse les hommes qui montoient tous les vaisseaux fournis par un même Port, au lieu de donner, comme Lhôpital, l'état détaillé des Matelots et Arbalestriers qui ont monté chaque vaisseau. Cette faute nous met dans l'impossibilité d'établir une juste comparaison entre les forces de deux Puissances. On diroit que Lidiard a voulu dérober la vérité, et que Lhôpital au contraire a cherché à la montrer toute entière. Mais au milieu de l'obscurité dans laquelle nous laisse Lidiard, on croit remarquer que pour exagérer les forces de son pays, il a ajouté presque partout des dizaines aux unités, déclarant 15 au lieu de 5, 11 pour 1, 18 pour 8, 25 au lieu de 5.

Comparons en effet Londres dans le compte de Lidiard au Port d'Abbeville, dans le compte de F. de Lhopital.

Londres fournit 25 vaisseaux et 662 hommes.

Abbeville donne 12 vaisseaux et 1479 hommes.

Abbeville auroit donc, avec douze vaisseaux, fourni deux fois plus d'hommes, non compris les Arbalestriers, que Londres avec vingt-cinq.

Comparons encore Ipsivick et Abbeville.

Ipsivick pour 12 vaisseaux donne 239 hommes.

Abbeville pour 12, donne . . 1479 hommes.

Et dans ses douze vaisseaux, un seul, *le St.-Christophe*, porte 209 hommes, presqu'autant que les douze d'Ipsivick.

L'erreur est donc palpable dans le compte de Lidiard, et il faut (s'il est vrai) que chaque vaisseau anglais n'ait été monté que par dix à douze hommes d'équipage ; ce qui repugne au bon sens, et nous fait désirer que les savans de l'Angleterre retablissent la vérité sur ce point et corrigent ces erreurs.

Combat de l'Ecluse.

Les détails du fameux combat de l'Ecluse ont été bien rendus par Villani, auteur contemporain, par Dupleix qui l'a copié, et par la chronique de Flandre. On soupçonne Froissart, auteur flamand, de ne pas avoir accusé le vrai.

Suivant la chronique de Flandre, Barbanera qui commandoit quatre galies génoises et auxiliaires, donna le conseil à l'Amiral Quiéret et au Conseiller Behuchet, en voyant les

Anglais s'approcher, de changer de position, d'abandonner la côte et de mettre en pleine mer. Sur le refus de Behuchet « qui savoit mieux se « mêler d'un compte que guerroyer sur mer », les Génois gagnèrent le large, prévoyant une défaite qui ne manqua pas d'avoir lieu en conservant leur position. Les Français eurent, comme il arriva depuis à Crécy, le désavantage du soleil qui leur donna au visage ; et la mer étant venue à descendre pendant le combat, plusieurs vaisseaux échouèrent, et ne purent donner dans l'action.

Le Capitaine Le Riche, du Port de Lheure, fit des merveilles, attaqua, défit une nef anglaise montée par tous écuiers, et en triompha après le combat le plus opiniâtre.

Le Président Hénaut et les Auteurs de l'art de vérifier les dates, qui n'ont pas consulté les vrais récits de ce combat, disent que la flotte française étoit composée de 120 gros vaisseaux, qu'elle étoit montée par 40,000 hommes, et commandée par deux Amiraux. Mais le compte de Lhôpital éclaircit tous ces faits. Il n'accuse que 204 vaisseaux tant français qu'auxiliaires, dont la majeure partie étoit tous marchands, dont 20 environ appartenoient au Roi, et le surplus, d'un Port peu considérable. Il ne fait pas monter à 18,000 le nombre des combattans, et ne donne qu'un Amiral Hue Quiéret, auquel étoit adjoint à la vérité le Conseiller du Roi Behuchet, qui avoit aussi un commandement. Voici les termes du compte :

« C'est chy le compte de François de
« Lhôpital, jadis Clerc des Arbalestriers du
« Roy pour les rechettes et mises par luî
« faites à cause de le grande armée de le
« mer, l'an 1340, sous le commandement de
« Messire Hue Quiéret, Admiral de France,
« et de Sire Nicolas Behuchet, Conseiller du
« Roy ».

Il ne faut pas croire à l'accusation portée contre l'Amiral Quiéret, Officier digne d'un meilleur sort, et contre Behuchet, desquels on a dit qu'ils avoient composé la flotte de gens sans aveu, et engagé à bon compte, lorsqu'Edouard avoit mis sur ses vaisseaux l'élite de sa noblesse. Le compte de Lhôpital, l'affaire de Leriche, et les éloges donnés par les historiens, à la bonne conduite de l'Amiral Français, le lavent de ce reproche : un d'entre-eux a dit que le combat avoit été terrible, qu'il avoit duré 9 heures, et que les Français auroient triomphé, si sur la fin de la journée, les Flamands n'eussent fait pencher la balance du côté des Anglais, en se jettant à l'improviste avec des forces considérables sur les Français déjà fatigués.

L'auteur anonime de l'histoire de Dieppe, de 1785 in-12, en parlant de ce combat, dit, page 33, que cette ville fournit 50 vaisseaux au combat de l'Ecluse ; que Behuchet, qu'il semble annoncer avoir été l'un des Capitaines de Dieppe, les commandoit ; que Barbanera prit la fuite après s'être battu, que le vaisseau de Behuchet attaqua celui du Roi d'Angleterre, que ses gens le blessèrent, que le capitaine Génois s'obstina à rester sur les côtes, prétextant des instructions. Mais presque toutes ces assertions paroissent dénuées de fondement, et l'amour de son pays a surement égaré cet historien. Au lieu d'avoir fourni 50 vaisseaux qui faisoient le quart de l'armement, Dieppe en a fourni dix-huit, tant gros que petits, un tiers plus qu'Abbeville. Rien ne peut diminuer la foi que nous devons sur ce point au compte de François de Lhôpital. Behuchet étoit Conseiller et non Capitaine. Il y a beaucoup d'apparence qu'il n'étoit pas de Dieppe, comme on le donne à entendre.

La flotte de Bretagne n'est pas employée dans le compte de François de Lhôpital. Le nom de Kiéret a pu faire croire aux Dieppois que l'Amiral étoit Breton, et qu'il commandoit les vaisseaux de cette province. Mais l'Amiral Quiéret étoit né dans la Picardie, sa famille étoit des environs d'Abbeville, où elle tenoit le rang le plus distingué, où elle possédoit la terre de Dourier depuis le 12.ᵉ siècle. Quant au commandant Génois, il refusa le combat absolument, et il gagna le large sans coup férir, prévoyant une défaite qu'on ne pouvoit éviter, si on s'obstinoit à conserver la mauvaise position dans laquelle on se trouvoit. Ce fut Béhuchet qui s'obstina à ne point mettre au large, il ne s'entendoit point à guerroyer sur mer, dit une chronique du tems. Il paya de sa vie le mauvais conseil qu'il avoit donné; il fut mis à mort par ordre d'Edouard, mais cette mort fait preuve que ce brave homme s'étoit bien montré, qu'il avoit combattu vaillamment. Des historiens assurent qu'il avoit attaqué le vaisseau d'Edouard III, et que ce Prince avoit été blessé par ses gens ; ce qui probablement fut cause de son dépit et le porta à une action qui ne peut trouver d'excuse que dans les mœurs du tems.

L'Auteur de Dieppe avoit cependant travaillé sur de bons mémoires, puisqu'il a écrit que Philippes de Valois avoit eu recours aux Génois et aux vaisseaux marchands des Ports de France pour composer sa flotte, et qu'Edouard III avoit également employé les vaisseaux marchands de ses Ports. Cette opinion est celle qui mérite croyance ; elle doit être préférée au système de beaucoup d'Auteurs qui, en se répétant, ont avancé que la marine de France étoit réduite à cette époque aux vaisseaux qu'on louoit aux étrangers, aux Génois, Vénitiens et autres.

www.ingramcontent.com/pod-product-compliance
Lightning Source LLC
Chambersburg PA
CBHW062010070426
42451CB00008BA/509